Renate Sültz & Uwe H. Sültz

KFZ – SERVICE

für Oldtimer

Checkliste - Protokollbuch

Pflege – Kontrolle - Wartung

BoD - Books on Demand

Norderstedt 2018

Bibliografische Information durch die Deutsche Nationalbibliothek

Die Deutsche Nationalbibliothek verzeichnet diese Publikation in der Deutschen Nationalbibliografie; detaillierte bibliografische Daten sind im Internet über http://dnb.dnb.de abrufbar.

© 2018 Renate Sültz & Uwe H. Sültz

Herstellung und Verlag:

BoD – Books on Demand, Norderstedt

ISBN 9-78374-3-17643-0

Der Herbst rückt näher und es kommt langsam der Abschied vom Young- oder Oldtimer. Auch wenn unser Liebling nicht bei Salz und Schnee gefahren wurde, benötigt er nun eine gute Vorsorge um überwintern zu können, ohne dass die Lebensuhr schneller abläuft. Natürlich kann nicht jedes Fahrzeug einen perfekten Unterstellplatz haben, was natürlich wünschenswert wäre, aber unter freiem Himmel sollte es nicht sein.

Beginnen wir mit der Dokumentation des Zustandes. Gibt es eine neue Delle oder Rostblase? Entscheiden Sie selbst wann Sie diese Probleme beseitigen wollen. Um zu überwintern reicht es bei einem Rostfleck auch, wenn kurz angeschmirgelt wird und dann Rostschutz oder Fett aufgetragen wird. Arbeiten Sie die Checklisten hier im Buch gründlich ab. Gründlich sollte auch die Wagenwäsche sein, auch der Unterboden. Bei der Innenreinigung können nach dem letzten Aussteigen die Ledersitze gepflegt werden. Übrigens wird der Oldtimer oder Youngtimer nicht sofort nach der Wagenwäsche für Monate abgestellt werden. Drehen Sie noch eine Runde, bringen Sie das gute Stück noch einmal auf Betriebstemperatur, so wird er richtig trocken und auch Kondenswasser verdampft im Auspuff. Denken Sie auch an den Ölwechsel, auch wenn er nicht fällig ist. Im gebrauchten Öl bilden sich aggressive Säuren, die greifen Metallteile und Dichtungen an. Wer seinen Wagen nicht aufbocken kann, erhöht den Reifendruck auf bis zu 3,8 bar. So entstehen keine Standplatten. Bemerken Sie doch in der neuen Saison mit korrekt eingestelltem Luftdruck ein leichtes Ruckeln im Lenkrad, fahren Sie 50 km, danach müsste es wieder in Ordnung sein. Die Batterie kann ausgebaut werden, schließen Sie ein Ladegerät mit Erhaltungsladung an. Wird sie ausgebaut, dann sehen Sie sich den Batteriekastenboden genau an. Säure könnte den Boden angreifen. Im Innenraum kann ein Raumentfeuchter mit Granulat aufgestellt werden. Das ist für alle Schalter und Kontakte gut, ebenso für Chromteile. Es sorgt aber auch für eine gute Luft, statt Muff. Der letzte Handgriff ist der, dass ein ölgetränkter Lappen in das Auspuffrohr gesteckt wird. Jetzt sollte keine Feuchtigkeit eindringen, die den Auspuff rosten lassen würde.

Viel Freude und gute Fahrten mit Ihrem Oldtimer wünscht das Team

SÜLTZ BÜCHER

Dieses Protokollbuch soll eine Hilfestellung sein, um einen Leitfaden zu haben, was kontrolliert werden kann und muss. Es ersetzt auf keinen Fall die Autowerkstatt. Dafür kann der Autor keine Verantwortung übernehmen. Bei modernen Autos werden die Eigenleistungen immer geringer. Beim Oldtimer ist das noch ganz anders. Trotzdem sei gesagt, erledigen Sie nur das, was Sie beherrschen, gehen Sie keinen Schritt weiter. Sie gefährden sonst Ihr Leben und das der anderen Verkehrsteilnehmer.

Beim Oldtimer lassen sich sehr viele Kontrollen und Arbeiten selbst durchführen.

Bei einem Neuwagen bleiben aber immer noch Serviceleistungen übrig, die den Wert des Autos erhöhen. Etwa:

Ölkontrolle	i.O.
Kühlerwasserkontrolle	i.O.
Bremsflüssigkeitskontrolle	i.O.
Riemenkontrolle	i.O.
Kontrolle der Schläuche	i.O.
Kontrolle der Batterieflüssigkeit	i.O.
Scharniere fetten (Türen, Hauben, Schiebedach, Tankdeckel)	erledigt
Reifendruck kontrollieren vl __ vr __ hr__ hl __	
Reifen kontrollieren	erledigt
Scheibenwischer kontrollieren	i.O.
Steinschlagkontrolle und notieren wo _____	

_____

Arbeiten, die hier nicht aufgeführt sind _____

_____

_____

_____

Schnellcheckliste

Vor jeder Fahrt:

Blick auf die Karosserie - Lackschäden?
Dellen?
Rost?

Blick auf die Lampen- und Blinkergläser - Risse?
Steinschlag?
Matt?
Wassereinbruch?

Blick von vorn unter den Motor - Ist ein Ölfleck unter dem Motor?
WERKSTATT!!!

Blick auf das Armaturenbrett - Zündung - Leuchtet alles wie immer?
Start - Blinkt etwas, leuchtet etwas?
Alles wie immer?
Warnlicht oder Warnsignal?
WERKSTATT!!!

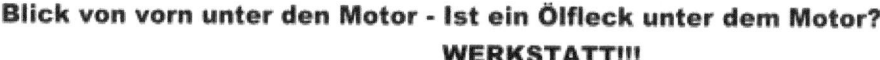

Beim Fahren - Rasten die Sicherheitsgurtschlösser?
Zieht das Auto nach rechts oder links? **WERKSTATT!!!**
Bremst das Auto und zieht nach rechts oder links?
WERKSTATT!!!
Ist genug Spritzwasser für die Scheibenwischer vorhanden?
Zur Not klaren Sprudel einfüllen.
Blick auf die Tankanzeige.
Hin und wieder Blick auf die Motortemperaturanzeige.
Schnelles Klick-Klack-Geräusch beim Blinken kann
auf eine defekte Blinklichtlampe deuten.
Blick auf die Windschutzscheibe - Beschädigungen
im Sichtbereich? **WERKSTATT!!!**

Der Oldtimer erwacht — Beginn der Saison _____

Öllappen aus dem Auspuff nehmen　　　i.O.

Zündkerzen herausschrauben und Kriechöl in die Kolben sprühen
und einwirken lassen, falls Rost　　　i.O.

Alle Flüssigkeiten kontrollieren - Öl　　　　　　i.O.
　　　　　　　　　　　　　Kühlflüssigkeit　　i.O.
　　　　　　　　　　　　　Bremsflüssigkeit　　i.O.
　　　　　　　　　　　　　Scheibenwasser　　i.O.

Falls vor dem Einmotten kein Ölwechsel, dann Öl + Filter wechseln　　i.O.

Batterie anschließen　　　　i.O.

Zündung abklemmen und Anlasser drehen lassen, damit der Öldruck
aufgebaut wird und der Motorinnenraum geschmiert wird　　i.O.

Jetzt mit Zündung starten　　i.O.
Bei zu viel Gas kann der Vergaser absaufen und die Zündkerzen werden
nass. Dann Zündkerzen ausbauen, erhitzen, einbauen und noch einmal
versuchen oder einen Tag warten　　　i.O.

Läuft der Wagen, dann mit wenig Geschwindigkeit fahren, vorsichtig
bremsen (auf Verkehr achten)... langsam kommt der Oldtimer wieder
in Fahrt... "Gute Fahrt auf allen Wegen und zu allen Zeiten wünscht
　　　　　　　　　　　　　　　　　　　　　SÜLTZ BÜCHER"

Alle Tipps wurden vom Autorenteam bei ihren 5 Oldtimern nach nun
jahrzehntelanger Erfahrung zusammengetragen und durchgeführt.
Trotzdem kann keine Gewähr übernommen werden.

Regelmäßige Kontrollen   Datum __ . __ . ____   Eigenleistung ja/nein

Reifen-Luftdruck in bar:
VL: **VR:**   **HR:**   **HL:**   **Reserverad:**

Reifen auf Beschädigung prüfen: Sichtprüfung i.O.   Fühlprüfung i.O.

Kraftstoffverbrauch: getankte Liter x 100 : gefahrene Kilometer = Verbrauch
Beispiel: 35 Liter x 100 : 600 km = 5,83 Liter auf 100 km
     ___ Liter x 100 : ___ km = ___ Liter auf 100 km

Hupe i.O.	**Lichthupe i.O.**	**Warnblinker i.O.**
Blinker i.O.	**Konntrollleuchten i.O.**	**Innenbeleuchtung i.O.**

Frontbeleuchtung: Standlicht i.O.   Abblendlicht i.O.
                          Fernlicht i.O.   Nebelscheinwerfer i.O.
                          Tagfahrlicht i.O.

Scheibenwischer vorne i.O.   hinten i.O.
Scheibenwaschanlage vorne i.O.   hinten i.O.

Steinschlagprüfung i.O.   nicht i.O.   wo?

Unter der Motorhaube: Sichtprüfung i.O.

Ölverschmierter Motor   ja   nein

Ölmessstab ziehen
Öl zwischen oberer und unterer Marke   ja   nein

Sind Öltropfen unter dem Motor?   ja   nein
(Pfütze vom Klimaanlagenwasser ist normal)

eventuell Batterieflüssigkeit bis oberer Marke gefüllt   ja   nein
Bremsflüssigkeitsstand obere Marke oder fast   ja   nein

Oldtimer einmotten - Checkliste   Saison von _____ bis _____

Gründliche Außenreinigung   i.O.
Gründliche Innenreinigung   i.O.

Außen Check - Delle? Wo? _____
                Rost? Wo? _____
                Sonstiges _____
Unterbodenbschutz i.O. _____
Felgen reinigen   i.O.
Reifen Profiltiefe   i.O. vl. ____ vr. ____ hr. ____ hl. ____ in mm
Reifendruck erhöhen i.O.
Sicht auf die Bremsen   i.O. oder Probleme _____
Scheiben i.O. oder Beschädigung _____
Scheibendichtungen i.O. oder Beschädigung _____
Scheibenwischer abheben   i.O.
Cabriodach imprägnieren   i.O.
Dichtungen pflegen   i.O.
Scharniere ölen   i.O.
Schlösser ölen   i.O.
Blechfalze und Hohlräume mit Schutzwachs konservieren   i.O.

Innen Check - Wasser unter Fußmatte i.O.
              Wasser im Kofferraum   i.O.
              Hupe, Blinker, Schalter i.O.
              Ascher reinigen   i.O.
              Ledersitze pflegen   i.O.

Motor Check - Ölfleck unter dem Wagen   i.O.
              Öl + Filter erneuern   i.O.
              Wasserbehälter der Scheibenwaschanlage mit Frostschutz
              füllen   i.O.
              Batterie abklemmen   i.O.
              Batterie mit Erhaltungsladung laden   i.O.
              Motorinnenkonservierer in den Vergaser sprühen   i.O.
              Ölgetränkten Lappen in das Endrohr des Auspuffs stecken i.O.

Der Oldtimer erwacht — Beginn der Saison

Öllappen aus dem Auspuff nehmen   i.O.

Zündkerzen herausschrauben und Kriechöl in die Kolben sprühen
und einwirken lassen, falls Rost   i.O.

Alle Flüssigkeiten kontrollieren - Öl   i.O.
- Kühlflüssigkeit   i.O.
- Bremsflüssigkeit   i.O.
- Scheibenwasser   i.O.

Falls vor dem Einmotten kein Ölwechsel, dann Öl + Filter wechseln   i.O.

Batterie anschließen   i.O.

Zündung abklemmen und Anlasser drehen lassen, damit der Öldruck
aufgebaut wird und der Motorinnenraum geschmiert wird   i.O.

Jetzt mit Zündung starten   i.O.
Bei zu viel Gas kann der Vergaser absaufen und die Zündkerzen werden
nass. Dann Zündkerzen ausbauen, erhitzen, einbauen und noch einmal
versuchen oder einen Tag warten   i.O.

Läuft der Wagen, dann mit wenig Geschwindigkeit fahren, vorsichtig
bremsen (auf Verkehr achten)... langsam kommt der Oldtimer wieder
in Fahrt... "Gute Fahrt auf allen Wegen und zu allen Zeiten wünscht
SÜLTZ BÜCHER"

Alle Tipps wurden vom Autorenteam bei ihren 5 Oldtimern nach nun
jahrzehntelanger Erfahrung zusammengetragen und durchgeführt.
Trotzdem kann keine Gewähr übernommen werden.

Regelmäßige Kontrollen   Datum __ . __ . ____   Eigenleistung ja/nein

Reifen-Luftdruck in bar:
VL: VR: HR: HL: Reserverad:

Reifen auf Beschädigung prüfen: Sichtprüfung i.O.   Fühlprüfung i.O.

Kraftstoffverbrauch: getankte Liter x 100 : gefahrene Kilometer = Verbrauch
Beispiel: 35 Liter x 100 : 600 km = 5,83 Liter auf 100 km
___ Liter x 100 : ___ km = ___ Liter auf 100 km

Hupe i.O.   Lichthupe i.O.   Warnblinker i.O.
Blinker i.O.   Konntrollleuchten i.O.   Innenbeleuchtung i.O.
Frontbeleuchtung: Standlicht i.O.   Abblendlicht i.O.
                     Fernlicht i.O.   Nebelscheinwerfer i.O.
                     Tagfahrlicht i.O.

Scheibenwischer vorne i.O.   hinten i.O.
Scheibenwaschanlage vorne i.O.   hinten i.O.

Steinschlagprüfung i.O.   nicht i.O.   wo?

Unter der Motorhaube: Sichtprüfung i.O.

Ölverschmierter Motor   ja   nein

Ölmessstab ziehen
Öl zwischen oberer und unterer Marke   ja   nein

Sind Öltropfen unter dem Motor?   ja   nein
(Pfütze vom Klimaanlagenwasser ist normal)

eventuell Batterieflüssigkeit bis oberer Marke gefüllt   ja   nein
Bremsflüssigkeitsstand obere Marke oder fast   ja   nein

Oldtimer einmotten - Checkliste   Saison von _____ bis _____

Gründliche Außenreinigung   i.O.
Gründliche Innenreinigung   i.O.

Außen Check - Delle? Wo? _____
                Rost? Wo? _____
                Sonstiges _____
Unterbodenbschutz   i.O. _____
Felgen reinigen   i.O.
Reifen Profiltiefe   i.O.   vl. ___   vr. ___   hr. ___   hl. ___   in mm
Reifendruck erhöhen i.O.
Sicht auf die Bremsen   i.O. oder Probleme _____
Scheiben   i.O. oder Beschädigung _____
Scheibendichtungen   i.O. oder Beschädigung _____
Scheibenwischer abheben   i.O.
Cabriodach imprägnieren   i.O.
Dichtungen pflegen   i.O.
Scharniere ölen   i.O.
Schlösser ölen   i.O.
Blechfalze und Hohlräume mit Schutzwachs konservieren   i.O.

Innen Check - Wasser unter Fußmatte i.O.
              Wasser im Kofferraum   i.O.
              Hupe, Blinker, Schalter i.O.
              Ascher reinigen   i.O.
              Ledersitze pflegen   i.O.

Motor Check - Ölfleck unter dem Wagen   i.O.
              Öl + Filter erneuern   i.O.
              Wasserbehälter der Scheibenwaschanlage mit Frostschutz füllen   i.O.
              Batterie abklemmen   i.O.
              Batterie mit Erhaltungsladung laden   i.O.
              Motorinnenkonservierer in den Vergaser sprühen   i.O.
              Ölgetränkten Lappen in das Endrohr des Auspuffs stecken i.O.

Der Oldtimer erwacht   Beginn der Saison _____

Öllappen aus dem Auspuff nehmen   i.O.

Zündkerzen herausschrauben und Kriechöl in die Kolben sprühen
und einwirken lassen, falls Rost   i.O.

Alle Flüssigkeiten kontrollieren - Öl   i.O.
                                 Kühlflüssigkeit   i.O.
                                 Bremsflüssigkeit   i.O.
                                 Scheibenwasser   i.O.

Falls vor dem Einmotten kein Ölwechsel, dann Öl + Filter wechseln   i.O.

Batterie anschließen   i.O.

Zündung abklemmen und Anlasser drehen lassen, damit der Öldruck
aufgebaut wird und der Motorinnenraum geschmiert wird   i.O.

Jetzt mit Zündung starten   i.O.
Bei zu viel Gas kann der Vergaser absaufen und die Zündkerzen werden
nass. Dann Zündkerzen ausbauen, erhitzen, einbauen und noch einmal
versuchen oder einen Tag warten   i.O.

Läuft der Wagen, dann mit wenig Geschwindigkeit fahren, vorsichtig
bremsen (auf Verkehr achten)... langsam kommt der Oldtimer wieder
in Fahrt... "Gute Fahrt auf allen Wegen und zu allen Zeiten wünscht
                                                         SÜLTZ BÜCHER"

Alle Tipps wurden vom Autorenteam bei ihren 5 Oldtimern nach nun
jahrzehntelanger Erfahrung zusammengetragen und durchgeführt.
Trotzdem kann keine Gewähr übernommen werden.

Regelmäßige Kontrollen   Datum __ . __ . ____   Eigenleistung ja/nein

Reifen-Luftdruck in bar:
VL: VR: HR: HL: Reserverad:

Reifen auf Beschädigung prüfen: Sichtprüfung i.O.   Fühlprüfung i.O.

Kraftstoffverbrauch: getankte Liter x 100 : gefahrene Kilometer = Verbrauch
Beispiel: 35 Liter x 100 : 600 km = 5,83 Liter auf 100 km
     ___ Liter x 100 : ___ km = ___ Liter auf 100 km

Hupe i.O.   **Lichthupe i.O.**   **Warnblinker i.O.**
Blinker i.O.   **Konntrollleuchten i.O.**   **Innenbeleuchtung i.O.**
Frontbeleuchtung: Standlicht i.O.   **Abblendlicht i.O.**
                    Fernlicht i.O.   **Nebelscheinwerfer i.O.**
                    Tagfahrlicht i.O.

Scheibenwischer vorne i.O.   hinten i.O.
Scheibenwaschanlage vorne i.O.   hinten i.O.

Steinschlagprüfung i.O.   nicht i.O.   wo?

Unter der Motorhaube: Sichtprüfung i.O.

Ölverschmierter Motor   ja   nein

Ölmessstab ziehen
Öl zwischen oberer und unterer Marke   ja   nein

Sind Öltropfen unter dem Motor?   ja   nein
(Pfütze vom Klimaanlagenwasser ist normal)

eventuell Batterieflüssigkeit bis oberer Marke gefüllt   ja   nein
Bremsflüssigkeitsstand obere Marke oder fast   ja   nein

Oldtimer einmotten - Checkliste   Saison von _____ bis _____

Gründliche Außenreinigung   i.O.
Gründliche Innenreinigung   i.O.

Außen Check - Delle? Wo? _____
                    Rost? Wo? _____
                    Sonstiges _____
Unterbodenbschutz i.O.   _____
Felgen reinigen   i.O.
Reifen Profiltiefe   i.O.   vl. ____ vr. ____ hr. ____ hl. ____ in mm
Reifendruck erhöhen i.O.
Sicht auf die Bremsen   i.O. oder Probleme _____
Scheiben i.O. oder Beschädigung _____
Scheibendichtungen i.O. oder Beschädigung _____
Scheibenwischer abheben   i.O.
Cabriodach imprägnieren   i.O.
Dichtungen pflegen   i.O.
Scharniere ölen   i.O.
Schlösser ölen   i.O.
Blechfalze und Hohlräume mit Schutzwachs konservieren   i.O.

Innen Check - Wasser unter Fußmatte i.O.
                    Wasser im Kofferraum   i.O.
                    Hupe, Blinker, Schalter i.O.
                    Ascher reinigen   i.O.
                    Ledersitze pflegen   i.O.

Motor Check - Ölfleck unter dem Wagen   i.O.
                    Öl + Filter erneuern   i.O.
                    Wasserbehälter der Scheibenwaschanlage mit Frostschutz füllen   i.O.
                    Batterie abklemmen   i.O.
                    Batterie mit Erhaltungsladung laden   i.O.
                    Motorinnenkonservierer in den Vergaser sprühen   i.O.
                    Ölgetränkten Lappen in das Endrohr des Auspuffs stecken i.O.

Der Oldtimer erwacht   Beginn der Saison

Öllappen aus dem Auspuff nehmen   i.O.

Zündkerzen herausschrauben und Kriechöl in die Kolben sprühen
und einwirken lassen, falls Rost   i.O.

Alle Flüssigkeiten kontrollieren - Öl   i.O.
                                   Kühlflüssigkeit   i.O.
                                   Bremsflüssigkeit   i.O.
                                   Scheibenwasser   i.O.

Falls vor dem Einmotten kein Ölwechsel, dann Öl + Filter wechseln   i.O.

Batterie anschließen   i.O.

Zündung abklemmen und Anlasser drehen lassen, damit der Öldruck
aufgebaut wird und der Motorinnenraum geschmiert wird   i.O.

Jetzt mit Zündung starten   i.O.
Bei zu viel Gas kann der Vergaser absaufen und die Zündkerzen werden
nass. Dann Zündkerzen ausbauen, erhitzen, einbauen und noch einmal
versuchen oder einen Tag warten   i.O.

Läuft der Wagen, dann mit wenig Geschwindigkeit fahren, vorsichtig
bremsen (auf Verkehr achten)... langsam kommt der Oldtimer wieder
in Fahrt... "Gute Fahrt auf allen Wegen und zu allen Zeiten wünscht
                                             SÜLTZ BÜCHER"

Alle Tipps wurden vom Autorenteam bei ihren 5 Oldtimern nach nun
jahrzehntelanger Erfahrung zusammengetragen und durchgeführt.
Trotzdem kann keine Gewähr übernommen werden.

Regelmäßige Kontrollen   Datum ___ . ___ . _____   Eigenleistung ja/nein

Reifen-Luftdruck in bar:
VL: **VR:**   **HR:**   **HL:**   **Reserverad:**

Reifen auf Beschädigung prüfen: Sichtprüfung i.O.   Fühlprüfung i.O.

Kraftstoffverbrauch: getankte Liter x 100 : gefahrene Kilometer = Verbrauch
Beispiel: 35 Liter x 100 : 600 km = 5,83 Liter auf 100 km
     ___ Liter x 100 : ___ km = ___ Liter auf 100 km

Hupe i.O.	**Lichthupe i.O.**	**Warnblinker i.O.**
Blinker i.O.	**Konntrollleuchten i.O.**	**Innenbeleuchtung i.O.**

Frontbeleuchtung: Standlicht i.O.   Abblendlicht i.O.
                           Fernlicht i.O.   Nebelscheinwerfer i.O.
                           Tagfahrlicht i.O.

Scheibenwischer vorne i.O.   **hinten i.O.**
Scheibenwaschanlage vorne i.O.   **hinten i.O.**

Steinschlagprüfung i.O.   **nicht i.O.**   **wo?**

Unter der Motorhaube: Sichtprüfung i.O.

Ölverschmierter Motor   ja   nein

Ölmessstab ziehen
Öl zwischen oberer und unterer Marke   ja   nein

Sind Öltropfen unter dem Motor?   ja   nein
(Pfütze vom Klimaanlagenwasser ist normal)

eventuell Batterieflüssigkeit bis oberer Marke gefüllt   ja   nein
Bremsflüssigkeitsstand obere Marke oder fast   ja   nein

Oldtimer einmotten - Checkliste   Saison von _____ bis _____

Gründliche Außenreinigung   i.O.
Gründliche Innenreinigung   i.O.

Außen Check - Delle? Wo? _____
                 Rost? Wo? _____
                 Sonstiges _____
Unterbodenbschutz   i.O.   _____
Felgen reinigen   i.O.
Reifen Profiltiefe i.O.   vl. ____ vr. ____ hr. ____ hl. ____ in mm
Reifendruck erhöhen i.O.
Sicht auf die Bremsen   i.O. oder Probleme _____
Scheiben   i.O. oder Beschädigung _____
Scheibendichtungen   i.O. oder Beschädigung _____
Scheibenwischer abheben   i.O.
Cabriodach imprägnieren   i.O.
Dichtungen pflegen   i.O.
Scharniere ölen   i.O.
Schlösser ölen   i.O.
Blechfalze und Hohlräume mit Schutzwachs konservieren   i.O.

Innen Check - Wasser unter Fußmatte i.O.
               Wasser im Kofferraum   i.O.
               Hupe, Blinker, Schalter i.O.
               Ascher reinigen   i.O.
               Ledersitze pflegen   i.O.

Motor Check - Ölfleck unter dem Wagen   i.O.
               Öl + Filter erneuern   i.O.
               Wasserbehälter der Scheibenwaschanlage mit Frostschutz
               füllen   i.O.
               Batterie abklemmen   i.O.
               Batterie mit Erhaltungsladung laden   i.O.
               Motorinnenkonservierer in den Vergaser sprühen   i.O.
               Ölgetränkten Lappen in das Endrohr des Auspuffs stecken i.O.

Der Oldtimer erwacht   Beginn der Saison

Öllappen aus dem Auspuff nehmen   i.O.

Zündkerzen herausschrauben und Kriechöl in die Kolben sprühen
und einwirken lassen, falls Rost   i.O.

Alle Flüssigkeiten kontrollieren - Öl   i.O.
                                      Kühlflüssigkeit   i.O.
                                      Bremsflüssigkeit   i.O.
                                      Scheibenwasser   i.O.

Falls vor dem Einmotten kein Ölwechsel, dann Öl + Filter wechseln   i.O.

Batterie anschließen   i.O.

Zündung abklemmen und Anlasser drehen lassen, damit der Öldruck
aufgebaut wird und der Motorinnenraum geschmiert wird   i.O.

Jetzt mit Zündung starten   i.O.
Bei zu viel Gas kann der Vergaser absaufen und die Zündkerzen werden
nass. Dann Zündkerzen ausbauen, erhitzen, einbauen und noch einmal
versuchen oder einen Tag warten   i.O.

Läuft der Wagen, dann mit wenig Geschwindigkeit fahren, vorsichtig
bremsen (auf Verkehr achten)... langsam kommt der Oldtimer wieder
in Fahrt... "Gute Fahrt auf allen Wegen und zu allen Zeiten wünscht
                                                            SÜLTZ BÜCHER"

Alle Tipps wurden vom Autorenteam bei ihren 5 Oldtimern nach nun
jahrzehntelanger Erfahrung zusammengetragen und durchgeführt.
Trotzdem kann keine Gewähr übernommen werden.

Regelmäßige Kontrollen   Datum __ . __ . ____   Eigenleistung ja/nein

Reifen-Luftdruck in bar:
VL: VR: HR: HL: Reserverad:

Reifen auf Beschädigung prüfen: Sichtprüfung i.O.   Fühlprüfung i.O.

Kraftstoffverbrauch: getankte Liter x 100 : gefahrene Kilometer = Verbrauch
Beispiel: 35 Liter x 100 : 600 km = 5,83 Liter auf 100 km
       ___ Liter x 100 : ___ km = ___ Liter auf 100 km

Hupe i.O.   **Lichthupe i.O.**   **Warnblinker i.O.**
Blinker i.O.   **Konntrollleuchten i.O.**   **Innenbeleuchtung i.O.**
Frontbeleuchtung: Standlicht i.O.   **Abblendlicht i.O.**
                   Fernlicht i.O.   **Nebelscheinwerfer i.O.**
                   Tagfahrlicht i.O.

Scheibenwischer vorne i.O.   hinten i.O.
Scheibenwaschanlage vorne i.O.   hinten i.O.

Steinschlagprüfung i.O.   nicht i.O.   wo?

Unter der Motorhaube: Sichtprüfung i.O.

Ölverschmierter Motor   ja   nein

Ölmessstab ziehen
Öl zwischen oberer und unterer Marke   ja   nein

Sind Öltropfen unter dem Motor?   ja   nein
(Pfütze vom Klimaanlagenwasser ist normal)

eventuell Batterieflüssigkeit bis oberer Marke gefüllt   ja   nein
Bremsflüssigkeitsstand obere Marke oder fast   ja   nein

Oldtimer einmotten - Checkliste   Saison von _____ bis _____

Gründliche Außenreinigung   i.O.
Gründliche Innenreinigung   i.O.

Außen Check - Delle? Wo? _____
                Rost? Wo? _____
                Sonstiges _____
Unterbodenbschutz i.O. _____
Felgen reinigen   i.O.
Reifen Profiltiefe   i.O.   vl. ___ vr. ___ hr. ___ hl. ___ in mm
Reifendruck erhöhen i.O.
Sicht auf die Bremsen   i.O. oder Probleme _____
Scheiben i.O. oder Beschädigung _____
Scheibendichtungen i.O. oder Beschädigung _____
Scheibenwischer abheben   i.O.
Cabriodach imprägnieren   i.O.
Dichtungen pflegen   i.O.
Scharniere ölen   i.O.
Schlösser ölen   i.O.
Blechfalze und Hohlräume mit Schutzwachs konservieren   i.O.

Innen Check - Wasser unter Fußmatte i.O.
            Wasser im Kofferraum   i.O.
            Hupe, Blinker, Schalter i.O.
            Ascher reinigen   i.O.
            Ledersitze pflegen   i.O.

Motor Check - Ölfleck unter dem Wagen   i.O.
            Öl + Filter erneuern   i.O.
            Wasserbehälter der Scheibenwaschanlage mit Frostschutz füllen   i.O.
            Batterie abklemmen   i.O.
            Batterie mit Erhaltungsladung laden   i.O.
            Motorinnenkonservierer in den Vergaser sprühen   i.O.
            Ölgetränkten Lappen in das Endrohr des Auspuffs stecken i.O.

Der Oldtimer erwacht   Beginn der Saison

Öllappen aus dem Auspuff nehmen   i.O.

Zündkerzen herausschrauben und Kriechöl in die Kolben sprühen
und einwirken lassen, falls Rost   i.O.

Alle Flüssigkeiten kontrollieren - Öl   i.O.
                                          Kühlflüssigkeit   i.O.
                                          Bremsflüssigkeit   i.O.
                                          Scheibenwasser   i.O.

Falls vor dem Einmotten kein Ölwechsel, dann Öl + Filter wechseln   i.O.

Batterie anschließen   i.O.

Zündung abklemmen und Anlasser drehen lassen, damit der Öldruck
aufgebaut wird und der Motorinnenraum geschmiert wird   i.O.

Jetzt mit Zündung starten   i.O.
Bei zu viel Gas kann der Vergaser absaufen und die Zündkerzen werden
nass. Dann Zündkerzen ausbauen, erhitzen, einbauen und noch einmal
versuchen oder einen Tag warten   i.O.

Läuft der Wagen, dann mit wenig Geschwindigkeit fahren, vorsichtig
bremsen (auf Verkehr achten)... langsam kommt der Oldtimer wieder
in Fahrt... "Gute Fahrt auf allen Wegen und zu allen Zeiten wünscht
                                                            SÜLTZ BÜCHER"

Alle Tipps wurden vom Autorenteam bei ihren 5 Oldtimern nach nun
jahrzehntelanger Erfahrung zusammengetragen und durchgeführt.
Trotzdem kann keine Gewähr übernommen werden.

Regelmäßige Kontrollen   Datum __ . __ . ____   Eigenleistung ja/nein

Reifen-Luftdruck in bar:
VL: VR: HR: HL: Reserverad:

Reifen auf Beschädigung prüfen: Sichtprüfung i.O.   Fühlprüfung i.O.

Kraftstoffverbrauch: getankte Liter x 100 : gefahrene Kilometer = Verbrauch
Beispiel: 35 Liter x 100 : 600 km = 5,83 Liter auf 100 km
___ Liter x 100 : ___ km = ___ Liter auf 100 km

Hupe i.O.   **Lichthupe i.O.**   **Warnblinker i.O.**
Blinker i.O.   **Konntrollleuchten i.O.**   **Innenbeleuchtung i.O.**
Frontbeleuchtung: Standlicht i.O.   **Abblendlicht i.O.**
                    Fernlicht i.O.   **Nebelscheinwerfer i.O.**
                    Tagfahrlicht i.O.

Scheibenwischer vorne i.O.   hinten i.O.
Scheibenwaschanlage vorne i.O.   hinten i.O.

Steinschlagprüfung i.O.   nicht i.O.   wo?

Unter der Motorhaube: Sichtprüfung i.O.

Ölverschmierter Motor   ja   nein

Ölmessstab ziehen
Öl zwischen oberer und unterer Marke   ja   nein

Sind Öltropfen unter dem Motor?   ja   nein
(Pfütze vom Klimaanlagenwasser ist normal)

eventuell Batterieflüssigkeit bis oberer Marke gefüllt   ja   nein
Bremsflüssigkeitsstand obere Marke oder fast   ja   nein

Oldtimer einmotten - Checkliste   Saison von _____ bis _____

Gründliche Außenreinigung   i.O.
Gründliche Innenreinigung   i.O.

Außen Check - Delle? Wo? _____
                Rost? Wo? _____
                Sonstiges _____
Unterbodenbschutz   i.O. _____
Felgen reinigen   i.O.
Reifen Profiltiefe   i.O.   vl. ____ vr. ____ hr. ____ hl. ____ in mm
Reifendruck erhöhen i.O.
Sicht auf die Bremsen   i.O. oder Probleme _____
Scheiben   i.O. oder Beschädigung _____
Scheibendichtungen   i.O. oder Beschädigung _____
Scheibenwischer abheben   i.O.
Cabriodach imprägnieren   i.O.
Dichtungen pflegen   i.O.
Scharniere ölen   i.O.
Schlösser ölen   i.O.
Blechfalze und Hohlräume mit Schutzwachs konservieren   i.O.

Innen Check - Wasser unter Fußmatte i.O.
              Wasser im Kofferraum   i.O.
              Hupe, Blinker, Schalter i.O.
              Ascher reinigen   i.O.
              Ledersitze pflegen   i.O.

Motor Check - Ölfleck unter dem Wagen   i.O.
              Öl + Filter erneuern   i.O.
              Wasserbehälter der Scheibenwaschanlage mit Frostschutz
              füllen   i.O.
              Batterie abklemmen   i.O.
              Batterie mit Erhaltungsladung laden   i.O.
              Motorinnenkonservierer in den Vergaser sprühen   i.O.
              Ölgetränkten Lappen in das Endrohr des Auspuffs stecken i.O.

Der Oldtimer erwacht Beginn der Saison _____

Öllappen aus dem Auspuff nehmen   i.O.

Zündkerzen herausschrauben und Kriechöl in die Kolben sprühen
und einwirken lassen, falls Rost   i.O.

Alle Flüssigkeiten kontrollieren - Öl   i.O.
                                  Kühlflüssigkeit   i.O.
                                  Bremsflüssigkeit   i.O.
                                  Scheibenwasser   i.O.

Falls vor dem Einmotten kein Ölwechsel, dann Öl + Filter wechseln   i.O.

Batterie anschließen   i.O.

Zündung abklemmen und Anlasser drehen lassen, damit der Öldruck
aufgebaut wird und der Motorinnenraum geschmiert wird   i.O.

Jetzt mit Zündung starten   i.O.
Bei zu viel Gas kann der Vergaser absaufen und die Zündkerzen werden
nass. Dann Zündkerzen ausbauen, erhitzen, einbauen und noch einmal
versuchen oder einen Tag warten   i.O.

Läuft der Wagen, dann mit wenig Geschwindigkeit fahren, vorsichtig
bremsen (auf Verkehr achten)... langsam kommt der Oldtimer wieder
in Fahrt... "Gute Fahrt auf allen Wegen und zu allen Zeiten wünscht
                                        SÜLTZ BÜCHER"

Alle Tipps wurden vom Autorenteam bei ihren 5 Oldtimern nach nun
jahrzehntelanger Erfahrung zusammengetragen und durchgeführt.
Trotzdem kann keine Gewähr übernommen werden.

Regelmäßige Kontrollen   Datum __ . __ . ____   Eigenleistung ja/nein

Reifen-Luftdruck in bar:
VL: VR: HR: HL: Reserverad:

Reifen auf Beschädigung prüfen: Sichtprüfung i.O.   Fühlprüfung i.O.

Kraftstoffverbrauch: getankte Liter x 100 : gefahrene Kilometer = Verbrauch
Beispiel: 35 Liter x 100 : 600 km = 5,83 Liter auf 100 km
____ Liter x 100 : ____ km = ____ Liter auf 100 km

Hupe i.O.   Lichthupe i.O.   Warnblinker i.O.
Blinker i.O.   Konntrollleuchten i.O.   Innenbeleuchtung i.O.
Frontbeleuchtung: Standlicht i.O.   Abblendlicht i.O.
                   Fernlicht i.O.   Nebelscheinwerfer i.O.
                   Tagfahrlicht i.O.

Scheibenwischer vorne i.O.   hinten i.O.
Scheibenwaschanlage vorne i.O.   hinten i.O.

Steinschlagprüfung i.O.   nicht i.O.   wo?

Unter der Motorhaube: Sichtprüfung i.O.

Ölverschmierter Motor   ja   nein

Ölmessstab ziehen
Öl zwischen oberer und unterer Marke   ja   nein

Sind Öltropfen unter dem Motor?   ja   nein
(Pfütze vom Klimaanlagenwasser ist normal)

eventuell Batterieflüssigkeit bis oberer Marke gefüllt   ja   nein
Bremsflüssigkeitsstand obere Marke oder fast   ja   nein

Oldtimer einmotten - Checkliste   Saison von _____ bis _____

Gründliche Außenreinigung   i.O.
Gründliche Innenreinigung   i.O.

Außen Check - Delle? Wo? _____
                Rost? Wo? _____
                Sonstiges _____
Unterbodenbschutz   i.O.
Felgen reinigen   i.O.
Reifen Profiltiefe   i.O.   vl. ____ vr. ____ hr. ____ hl. ____ in mm
Reifendruck erhöhen i.O.
Sicht auf die Bremsen   i.O. oder Probleme _____
Scheiben   i.O. oder Beschädigung _____
Scheibendichtungen   i.O. oder Beschädigung _____
Scheibenwischer abheben   i.O.
Cabriodach imprägnieren   i.O.
Dichtungen pflegen   i.O.
Scharniere ölen   i.O.
Schlösser ölen   i.O.
Blechfalze und Hohlräume mit Schutzwachs konservieren   i.O.

Innen Check - Wasser unter Fußmatte   i.O.
              Wasser im Kofferraum   i.O.
              Hupe, Blinker, Schalter i.O.
              Ascher reinigen   i.O.
              Ledersitze pflegen   i.O.

Motor Check - Ölfleck unter dem Wagen   i.O.
              Öl + Filter erneuern   i.O.
              Wasserbehälter der Scheibenwaschanlage mit Frostschutz
              füllen   i.O.
              Batterie abklemmen   i.O.
              Batterie mit Erhaltungsladung laden   i.O.
              Motorinnenkonservierer in den Vergaser sprühen   i.O.
              Ölgetränkten Lappen in das Endrohr des Auspuffs stecken i.O.

Der Oldtimer erwacht   Beginn der Saison

Öllappen aus dem Auspuff nehmen   i.O.

Zündkerzen herausschrauben und Kriechöl in die Kolben sprühen und einwirken lassen, falls Rost   i.O.

Alle Flüssigkeiten kontrollieren - Öl   i.O.
- Kühlflüssigkeit   i.O.
- Bremsflüssigkeit   i.O.
- Scheibenwasser   i.O.

Falls vor dem Einmotten kein Ölwechsel, dann Öl + Filter wechseln   i.O.

Batterie anschließen   i.O.

Zündung abklemmen und Anlasser drehen lassen, damit der Öldruck aufgebaut wird und der Motorinnenraum geschmiert wird   i.O.

Jetzt mit Zündung starten   i.O.
Bei zu viel Gas kann der Vergaser absaufen und die Zündkerzen werden nass. Dann Zündkerzen ausbauen, erhitzen, einbauen und noch einmal versuchen oder einen Tag warten   i.O.

Läuft der Wagen, dann mit wenig Geschwindigkeit fahren, vorsichtig bremsen (auf Verkehr achten)... langsam kommt der Oldtimer wieder in Fahrt... "Gute Fahrt auf allen Wegen und zu allen Zeiten wünscht
                                            SÜLTZ BÜCHER"

Alle Tipps wurden vom Autorenteam bei ihren 5 Oldtimern nach nun jahrzehntelanger Erfahrung zusammengetragen und durchgeführt. Trotzdem kann keine Gewähr übernommen werden.

Regelmäßige Kontrollen   Datum __ . __ . ____   Eigenleistung ja/nein

Reifen-Luftdruck in bar:
VL: **VR:**   **HR:**   **HL:**   **Reserverad:**

Reifen auf Beschädigung prüfen: Sichtprüfung i.O.   **Fühlprüfung i.O.**

Kraftstoffverbrauch: getankte Liter x 100 : gefahrene Kilometer = Verbrauch
Beispiel: 35 Liter x 100 : 600 km = 5,83 Liter auf 100 km
___ Liter x 100 : ___ km = ___ Liter auf 100 km

Hupe i.O.   **Lichthupe i.O.**   **Warnblinker i.O.**
Blinker i.O.   **Konntrollleuchten i.O.**   **Innenbeleuchtung i.O.**
Frontbeleuchtung: Standlicht i.O.   **Abblendlicht i.O.**
    Fernlicht i.O.   **Nebelscheinwerfer i.O.**
    Tagfahrlicht i.O.

Scheibenwischer vorne i.O.   hinten i.O.
Scheibenwaschanlage vorne i.O.   hinten i.O.

Steinschlagprüfung i.O.   nicht i.O.   wo?

Unter der Motorhaube: Sichtprüfung i.O.

Ölverschmierter Motor   ja   nein

Ölmessstab ziehen
Öl zwischen oberer und unterer Marke   ja   nein

Sind Öltropfen unter dem Motor?   ja   nein
(Pfütze vom Klimaanlagenwasser ist normal)

eventuell Batterieflüssigkeit bis oberer Marke gefüllt   ja   nein
Bremsflüssigkeitsstand obere Marke oder fast   ja   nein

Oldtimer einmotten - Checkliste   Saison von _____ bis _____

Gründliche Außenreinigung   i.O.
Gründliche Innenreinigung   i.O.

Außen Check - Delle? Wo? _____
                    Rost? Wo? _____
                    Sonstiges _____
Unterbodenbschutz   i.O.   _____
Felgen reinigen   i.O.
Reifen Profiltiefe   i.O.   vl. ____ vr. ____ hr. ____ hl. ____ in mm
Reifendruck erhöhen i.O.
Sicht auf die Bremsen   i.O. oder Probleme _____
Scheiben   i.O. oder Beschädigung _____
Scheibendichtungen   i.O. oder Beschädigung _____
Scheibenwischer abheben   i.O.
Cabriodach imprägnieren   i.O.
Dichtungen pflegen   i.O.
Scharniere ölen   i.O.
Schlösser ölen   i.O.
Blechfalze und Hohlräume mit Schutzwachs konservieren   i.O.

Innen Check - Wasser unter Fußmatte i.O.
              Wasser im Kofferraum   i.O.
              Hupe, Blinker, Schalter i.O.
              Ascher reinigen   i.O.
              Ledersitze pflegen   i.O.

Motor Check - Ölfleck unter dem Wagen   i.O.
              Öl + Filter erneuern   i.O.
              **Wasserbehälter der Scheibenwaschanlage mit Frostschutz
              füllen**   i.O.
              Batterie abklemmen   i.O.
              Batterie mit Erhaltungsladung laden   i.O.
              Motorinnenkonservierer in den Vergaser sprühen   i.O.
              Ölgetränkten Lappen in das Endrohr des Auspuffs stecken i.O.

Der Oldtimer erwacht   Beginn der Saison _____

Öllappen aus dem Auspuff nehmen   i.O.

Zündkerzen herausschrauben und Kriechöl in die Kolben sprühen
und einwirken lassen, falls Rost   i.O.

Alle Flüssigkeiten kontrollieren - Öl   i.O.
                                  Kühlflüssigkeit   i.O.
                                  Bremsflüssigkeit   i.O.
                                  Scheibenwasser   i.O.

Falls vor dem Einmotten kein Ölwechsel, dann Öl + Filter wechseln   i.O.

Batterie anschließen   i.O.

Zündung abklemmen und Anlasser drehen lassen, damit der Öldruck
aufgebaut wird und der Motorinnenraum geschmiert wird   i.O.

Jetzt mit Zündung starten   i.O.
Bei zu viel Gas kann der Vergaser absaufen und die Zündkerzen werden
nass. Dann Zündkerzen ausbauen, erhitzen, einbauen und noch einmal
versuchen oder einen Tag warten   i.O.

Läuft der Wagen, dann mit wenig Geschwindigkeit fahren, vorsichtig
bremsen (auf Verkehr achten)... langsam kommt der Oldtimer wieder
in Fahrt... "Gute Fahrt auf allen Wegen und zu allen Zeiten wünscht
                                                            SÜLTZ BÜCHER"

Alle Tipps wurden vom Autorenteam bei ihren 5 Oldtimern nach nun
jahrzehntelanger Erfahrung zusammengetragen und durchgeführt.
Trotzdem kann keine Gewähr übernommen werden.

Regelmäßige Kontrollen   Datum __ . __ . ____   Eigenleistung ja/nein

Reifen-Luftdruck in bar:
VL: VR: HR: HL: Reserverad:

Reifen auf Beschädigung prüfen: Sichtprüfung i.O.   Fühlprüfung i.O.

Kraftstoffverbrauch: getankte Liter x 100 : gefahrene Kilometer = Verbrauch
Beispiel: 35 Liter x 100 : 600 km = 5,83 Liter auf 100 km
              ___ Liter x 100 : ___ km = ___ Liter auf 100 km

Hupe i.O.   **Lichthupe i.O.**   **Warnblinker i.O.**
Blinker i.O.   **Konntrollleuchten i.O.**   **Innenbeleuchtung i.O.**
Frontbeleuchtung: Standlicht i.O.   **Abblendlicht i.O.**
                    Fernlicht i.O.   **Nebelscheinwerfer i.O.**
                    Tagfahrlicht i.O.

Scheibenwischer vorne i.O.   hinten i.O.
Scheibenwaschanlage vorne i.O.   hinten i.O.

Steinschlagprüfung i.O.   nicht i.O.   wo?

Unter der Motorhaube: Sichtprüfung i.O.

Ölverschmierter Motor   ja   nein

Ölmessstab ziehen
Öl zwischen oberer und unterer Marke   ja   nein

Sind Öltropfen unter dem Motor?   ja   nein
(Pfütze vom Klimaanlagenwasser ist normal)

eventuell Batterieflüssigkeit bis oberer Marke gefüllt   ja   nein
Bremsflüssigkeitsstand obere Marke oder fast   ja   nein

Oldtimer einmotten - Checkliste   Saison von _____ bis _____

Gründliche Außenreinigung   i.O.
Gründliche Innenreinigung   i.O.

Außen Check - Delle? Wo? _____
                Rost? Wo? _____
                Sonstiges _____
Unterbodenbschutz i.O. _____
Felgen reinigen   i.O.
Reifen Profiltiefe   i.O.   vl. ____ vr. ____ hr. ____ hl. ____ in mm
Reifendruck erhöhen i.O.
Sicht auf die Bremsen   i.O. oder Probleme _____
Scheiben i.O. oder Beschädigung _____
Scheibendichtungen i.O. oder Beschädigung _____
Scheibenwischer abheben   i.O.
Cabriodach imprägnieren   i.O.
Dichtungen pflegen   i.O.
Scharniere ölen   i.O.
Schlösser ölen   i.O.
Blechfalze und Hohlräume mit Schutzwachs konservieren   i.O.

Innen Check - Wasser unter Fußmatte i.O.
              Wasser im Kofferraum   i.O.
              Hupe, Blinker, Schalter i.O.
              Ascher reinigen   i.O.
              Ledersitze pflegen   i.O.

Motor Check - Ölfleck unter dem Wagen   i.O.
              Öl + Filter erneuern   i.O.
              Wasserbehälter der Scheibenwaschanlage mit Frostschutz
              füllen   i.O.
              Batterie abklemmen   i.O.
              Batterie mit Erhaltungsladung laden   i.O.
              Motorinnenkonservierer in den Vergaser sprühen   i.O.
              Ölgetränkten Lappen in das Endrohr des Auspuffs stecken i.O.

Der Oldtimer erwacht — Beginn der Saison

Öllappen aus dem Auspuff nehmen   i.O.

Zündkerzen herausschrauben und Kriechöl in die Kolben sprühen
und einwirken lassen, falls Rost   i.O.

Alle Flüssigkeiten kontrollieren - Öl   i.O.
                                     Kühlflüssigkeit   i.O.
                                     Bremsflüssigkeit   i.O.
                                     Scheibenwasser   i.O.

Falls vor dem Einmotten kein Ölwechsel, dann Öl + Filter wechseln   i.O.

Batterie anschließen   i.O.

Zündung abklemmen und Anlasser drehen lassen, damit der Öldruck
aufgebaut wird und der Motorinnenraum geschmiert wird   i.O.

Jetzt mit Zündung starten   i.O.
Bei zu viel Gas kann der Vergaser absaufen und die Zündkerzen werden
nass. Dann Zündkerzen ausbauen, erhitzen, einbauen und noch einmal
versuchen oder einen Tag warten   i.O.

Läuft der Wagen, dann mit wenig Geschwindigkeit fahren, vorsichtig
bremsen (auf Verkehr achten)... langsam kommt der Oldtimer wieder
in Fahrt... "Gute Fahrt auf allen Wegen und zu allen Zeiten wünscht
                                                                SÜLTZ BÜCHER"

Alle Tipps wurden vom Autorenteam bei ihren 5 Oldtimern nach nun
jahrzehntelanger Erfahrung zusammengetragen und durchgeführt.
Trotzdem kann keine Gewähr übernommen werden.

Regelmäßige Kontrollen   Datum __ . __ . ____   Eigenleistung ja/nein

Reifen-Luftdruck in bar:
VL: **VR:**   **HR:**   **HL:**   **Reserverad:**

Reifen auf Beschädigung prüfen: Sichtprüfung i.O.   **Fühlprüfung i.O.**

Kraftstoffverbrauch: getankte Liter x 100 : gefahrene Kilometer = Verbrauch
Beispiel: 35 Liter x 100 : 600 km = 5,83 Liter auf 100 km
        ___ Liter x 100 : ___ km = ___ Liter auf 100 km

Hupe i.O.   **Lichthupe i.O.**   **Warnblinker i.O.**
Blinker i.O.   **Konntrollleuchten i.O.**   **Innenbeleuchtung i.O.**
Frontbeleuchtung: Standlicht i.O.   **Abblendlicht i.O.**
                        Fernlicht i.O.   **Nebelscheinwerfer i.O.**
                        Tagfahrlicht i.O.

Scheibenwischer vorne i.O.   **hinten i.O.**
Scheibenwaschanlage vorne i.O.   **hinten i.O.**

Steinschlagprüfung i.O.   **nicht i.O.**   **wo?**

Unter der Motorhaube: Sichtprüfung i.O.

Ölverschmierter Motor   ja   nein

Ölmessstab ziehen
Öl zwischen oberer und unterer Marke   ja   nein

Sind Öltropfen unter dem Motor?   ja   nein
(Pfütze vom Klimaanlagenwasser ist normal)

eventuell Batterieflüssigkeit bis oberer Marke gefüllt   ja   nein
Bremsflüssigkeitsstand obere Marke oder fast   ja   nein

Oldtimer einmotten - Checkliste   Saison von _____ bis _____

Gründliche Außenreinigung   i.O.
Gründliche Innenreinigung   i.O.

Außen Check - Delle? Wo? _____
                Rost? Wo? _____
                Sonstiges _____
Unterbodenbschutz   i.O. _____
Felgen reinigen   i.O.
Reifen Profiltiefe   i.O.   vl. ____ vr. ____ hr. ____ hl. ____ in mm
Reifendruck erhöhen i.O.
Sicht auf die Bremsen   i.O. oder Probleme _____
Scheiben   i.O. oder Beschädigung _____
Scheibendichtungen   i.O. oder Beschädigung _____
Scheibenwischer abheben   i.O.
Cabriodach imprägnieren   i.O.
Dichtungen pflegen   i.O.
Scharniere ölen   i.O.
Schlösser ölen   i.O.
Blechfalze und Hohlräume mit Schutzwachs konservieren   i.O.

Innen Check - Wasser unter Fußmatte i.O.
              Wasser im Kofferraum   i.O.
              Hupe, Blinker, Schalter i.O.
              Ascher reinigen   i.O.
              Ledersitze pflegen   i.O.

Motor Check - Ölfleck unter dem Wagen   i.O.
              Öl + Filter erneuern   i.O.
              Wasserbehälter der Scheibenwaschanlage mit Frostschutz füllen   i.O.
              Batterie abklemmen   i.O.
              Batterie mit Erhaltungsladung laden   i.O.
              Motorinnenkonservierer in den Vergaser sprühen   i.O.
              Ölgetränkten Lappen in das Endrohr des Auspuffs stecken i.O.

Der Oldtimer erwacht   Beginn der Saison _____

Öllappen aus dem Auspuff nehmen   i.O.

Zündkerzen herausschrauben und Kriechöl in die Kolben sprühen
und einwirken lassen, falls Rost   i.O.

Alle Flüssigkeiten kontrollieren - Öl   i.O.
                                 Kühlflüssigkeit   i.O.
                                 Bremsflüssigkeit   i.O.
                                 Scheibenwasser   i.O.

Falls vor dem Einmotten kein Ölwechsel, dann Öl + Filter wechseln   i.O.

Batterie anschließen   i.O.

Zündung abklemmen und Anlasser drehen lassen, damit der Öldruck
aufgebaut wird und der Motorinnenraum geschmiert wird   i.O.

Jetzt mit Zündung starten   i.O.
Bei zu viel Gas kann der Vergaser absaufen und die Zündkerzen werden
nass. Dann Zündkerzen ausbauen, erhitzen, einbauen und noch einmal
versuchen oder einen Tag warten   i.O.

Läuft der Wagen, dann mit wenig Geschwindigkeit fahren, vorsichtig
bremsen (auf Verkehr achten)... langsam kommt der Oldtimer wieder
in Fahrt... "Gute Fahrt auf allen Wegen und zu allen Zeiten wünscht
                                                       SÜLTZ BÜCHER"

Alle Tipps wurden vom Autorenteam bei ihren 5 Oldtimern nach nun
jahrzehntelanger Erfahrung zusammengetragen und durchgeführt.
Trotzdem kann keine Gewähr übernommen werden.

Regelmäßige Kontrollen   Datum __ . __ . ____   Eigenleistung ja/nein

Reifen-Luftdruck in bar:
VL: VR: HR: HL: Reserverad:

Reifen auf Beschädigung prüfen: Sichtprüfung i.O.   Fühlprüfung i.O.

Kraftstoffverbrauch: getankte Liter x 100 : gefahrene Kilometer = Verbrauch
Beispiel: 35 Liter x 100 : 600 km = 5,83 Liter auf 100 km
___ Liter x 100 : ___ km = ___ Liter auf 100 km

Hupe i.O.   Lichthupe i.O.   Warnblinker i.O.
Blinker i.O.   Konntrollleuchten i.O.   Innenbeleuchtung i.O.
Frontbeleuchtung: Standlicht i.O.   Abblendlicht i.O.
                  Fernlicht i.O.   Nebelscheinwerfer i.O.
                  Tagfahrlicht i.O.

Scheibenwischer vorne i.O.   hinten i.O.
Scheibenwaschanlage vorne i.O.   hinten i.O.

Steinschlagprüfung i.O.   nicht i.O.   wo?

Unter der Motorhaube: Sichtprüfung i.O.

Ölverschmierter Motor   ja   nein

Ölmessstab ziehen
Öl zwischen oberer und unterer Marke   ja   nein

Sind Öltropfen unter dem Motor?   ja   nein
(Pfütze vom Klimaanlagenwasser ist normal)

eventuell Batterieflüssigkeit bis oberer Marke gefüllt   ja   nein
Bremsflüssigkeitsstand obere Marke oder fast   ja   nein

Oldtimer einmotten - Checkliste

Saison von _____ bis _____

Gründliche Außenreinigung i.O.
Gründliche Innenreinigung i.O.

Außen Check - Delle? Wo? _____
                Rost? Wo? _____
                Sonstiges _____
Unterbodenbschutz i.O.
Felgen reinigen i.O.
Reifen Profiltiefe i.O. vl. ___ vr. ___ hr. ___ hl. ___ in mm
Reifendruck erhöhen i.O.
Sicht auf die Bremsen i.O. oder Probleme _____
Scheiben i.O. oder Beschädigung _____
Scheibendichtungen i.O. oder Beschädigung _____
Scheibenwischer abheben i.O.
Cabriodach imprägnieren i.O.
Dichtungen pflegen i.O.
Scharniere ölen i.O.
Schlösser ölen i.O.
Blechfalze und Hohlräume mit Schutzwachs konservieren i.O.

Innen Check - Wasser unter Fußmatte i.O.
              Wasser im Kofferraum i.O.
              Hupe, Blinker, Schalter i.O.
              Ascher reinigen i.O.
              Ledersitze pflegen i.O.

Motor Check - Ölfleck unter dem Wagen i.O.
              Öl + Filter erneuern i.O.
              Wasserbehälter der Scheibenwaschanlage mit Frostschutz
              füllen i.O.
              Batterie abklemmen i.O.
              Batterie mit Erhaltungsladung laden i.O.
              Motorinnenkonservierer in den Vergaser sprühen i.O.
              Ölgetränkten Lappen in das Endrohr des Auspuffs stecken i.O.

Der Oldtimer erwacht   Beginn der Saison

Öllappen aus dem Auspuff nehmen   i.O.

Zündkerzen herausschrauben und Kriechöl in die Kolben sprühen
und einwirken lassen, falls Rost   i.O.

Alle Flüssigkeiten kontrollieren - Öl   i.O.
                               Kühlflüssigkeit   i.O.
                               Bremsflüssigkeit   i.O.
                               Scheibenwasser   i.O.

Falls vor dem Einmotten kein Ölwechsel, dann Öl + Filter wechseln   i.O.

Batterie anschließen   i.O.

Zündung abklemmen und Anlasser drehen lassen, damit der Öldruck
aufgebaut wird und der Motorinnenraum geschmiert wird   i.O.

Jetzt mit Zündung starten   i.O.
Bei zu viel Gas kann der Vergaser absaufen und die Zündkerzen werden
nass. Dann Zündkerzen ausbauen, erhitzen, einbauen und noch einmal
versuchen oder einen Tag warten   i.O.

Läuft der Wagen, dann mit wenig Geschwindigkeit fahren, vorsichtig
bremsen (auf Verkehr achten)... langsam kommt der Oldtimer wieder
in Fahrt... "Gute Fahrt auf allen Wegen und zu allen Zeiten wünscht
                                                            SÜLTZ BÜCHER"

Alle Tipps wurden vom Autorenteam bei ihren 5 Oldtimern nach nun
jahrzehntelanger Erfahrung zusammengetragen und durchgeführt.
Trotzdem kann keine Gewähr übernommen werden.

Regelmäßige Kontrollen   Datum __ . __ . ____   Eigenleistung ja/nein

Reifen-Luftdruck in bar:
VL: **VR:**   **HR:**   **HL:**   **Reserverad:**

Reifen auf Beschädigung prüfen: Sichtprüfung i.O.   **Fühlprüfung i.O.**

Kraftstoffverbrauch: getankte Liter x 100 : gefahrene Kilometer = Verbrauch
Beispiel: 35 Liter x 100 : 600 km = 5,83 Liter auf 100 km
          ___ Liter x 100 : ___ km = ___ Liter auf 100 km

Hupe i.O.   **Lichthupe i.O.**   **Warnblinker i.O.**
Blinker i.O.   **Konntrollleuchten i.O.**   **Innenbeleuchtung i.O.**
Frontbeleuchtung: Standlicht i.O.   **Abblendlicht i.O.**
                    Fernlicht i.O.   **Nebelscheinwerfer i.O.**
                    Tagfahrlicht i.O.

Scheibenwischer vorne i.O.   **hinten i.O.**
Scheibenwaschanlage vorne i.O.   **hinten i.O.**

Steinschlagprüfung i.O.   **nicht i.O.**   **wo?**

Unter der Motorhaube: Sichtprüfung i.O.

Ölverschmierter Motor   ja   nein

Ölmessstab ziehen
Öl zwischen oberer und unterer Marke   ja   nein

Sind Öltropfen unter dem Motor?   ja   nein
(Pfütze vom Klimaanlagenwasser ist normal)

eventuell Batterieflüssigkeit bis oberer Marke gefüllt   ja   nein
Bremsflüssigkeitsstand obere Marke oder fast   ja   nein

Oldtimer einmotten - Checkliste   Saison von _____ bis _____

Gründliche Außenreinigung   i.O.
Gründliche Innenreinigung   i.O.

Außen Check - Delle? Wo? _____
               Rost? Wo? _____
               Sonstiges _____
Unterbodenbschutz   i.O.   _____
Felgen reinigen   i.O.
Reifen Profiltiefe   i.O.   vl. ____ vr. ____ hr. ____ hl. ____ in mm
Reifendruck erhöhen i.O.
Sicht auf die Bremsen   i.O. oder Probleme _____
Scheiben   i.O. oder Beschädigung _____
Scheibendichtungen   i.O. oder Beschädigung _____
Scheibenwischer abheben   i.O.
Cabriodach imprägnieren   i.O.
Dichtungen pflegen   i.O.
Scharniere ölen   i.O.
Schlösser ölen   i.O.
Blechfalze und Hohlräume mit Schutzwachs konservieren   i.O.

Innen Check - Wasser unter Fußmatte i.O.
               Wasser im Kofferraum i.O.
               Hupe, Blinker, Schalter i.O.
               Ascher reinigen   i.O.
               Ledersitze pflegen   i.O.

Motor Check - Ölfleck unter dem Wagen   i.O.
               Öl + Filter erneuern   i.O.
               Wasserbehälter der Scheibenwaschanlage mit Frostschutz füllen   i.O.
               Batterie abklemmen   i.O.
               Batterie mit Erhaltungsladung laden   i.O.
               Motorinnenkonservierer in den Vergaser sprühen   i.O.
               Ölgetränkten Lappen in das Endrohr des Auspuffs stecken i.O.

Der Oldtimer erwacht   Beginn der Saison _____

Öllappen aus dem Auspuff nehmen   i.O.

Zündkerzen herausschrauben und Kriechöl in die Kolben sprühen
und einwirken lassen, falls Rost   i.O.

Alle Flüssigkeiten kontrollieren - Öl   i.O.
                                Kühlflüssigkeit   i.O.
                                Bremsflüssigkeit   i.O.
                                Scheibenwasser   i.O.

Falls vor dem Einmotten kein Ölwechsel, dann Öl + Filter wechseln   i.O.

Batterie anschließen   i.O.

Zündung abklemmen und Anlasser drehen lassen, damit der Öldruck
aufgebaut wird und der Motorinnenraum geschmiert wird   i.O.

Jetzt mit Zündung starten   i.O.
Bei zu viel Gas kann der Vergaser absaufen und die Zündkerzen werden
nass. Dann Zündkerzen ausbauen, erhitzen, einbauen und noch einmal
versuchen oder einen Tag warten   i.O.

Läuft der Wagen, dann mit wenig Geschwindigkeit fahren, vorsichtig
bremsen (auf Verkehr achten)... langsam kommt der Oldtimer wieder
in Fahrt... "Gute Fahrt auf allen Wegen und zu allen Zeiten wünscht
                                                                       SÜLTZ BÜCHER"

Alle Tipps wurden vom Autorenteam bei ihren 5 Oldtimern nach nun
jahrzehntelanger Erfahrung zusammengetragen und durchgeführt.
Trotzdem kann keine Gewähr übernommen werden.

Regelmäßige Kontrollen   Datum __ . __ . ____   Eigenleistung ja/nein

Reifen-Luftdruck in bar:
VL: **VR:**   **HR:**   **HL:**   **Reserverad:**

Reifen auf Beschädigung prüfen: Sichtprüfung i.O.   Fühlprüfung i.O.

Kraftstoffverbrauch: getankte Liter x 100 : gefahrene Kilometer = Verbrauch
Beispiel: 35 Liter x 100 : 600 km = 5,83 Liter auf 100 km
              ___ Liter x 100 : ___ km = ___ Liter auf 100 km

Hupe i.O.   **Lichthupe i.O.**   **Warnblinker i.O.**
Blinker i.O.   **Konntrollleuchten i.O.**   **Innenbeleuchtung i.O.**
Frontbeleuchtung: Standlicht i.O.   **Abblendlicht i.O.**
                          Fernlicht i.O.   **Nebelscheinwerfer i.O.**
                          Tagfahrlicht i.O.

Scheibenwischer vorne i.O.   **hinten i.O.**
Scheibenwaschanlage vorne i.O.   **hinten i.O.**

Steinschlagprüfung i.O.   **nicht i.O.**   **wo?**

Unter der Motorhaube: Sichtprüfung i.O.

Ölverschmierter Motor   ja   nein

Ölmessstab ziehen
Öl zwischen oberer und unterer Marke   ja   nein

Sind Öltropfen unter dem Motor?   ja   nein
(Pfütze vom Klimaanlagenwasser ist normal)

eventuell Batterieflüssigkeit bis oberer Marke gefüllt   ja   nein
Bremsflüssigkeitsstand obere Marke oder fast   ja   nein

Oldtimer einmotten - Checkliste   Saison von _____ bis _____

Gründliche Außenreinigung   i.O.
Gründliche Innenreinigung   i.O.

Außen Check - Delle? Wo? _____
              Rost? Wo? _____
              Sonstiges _____
Unterbodenbschutz i.O. _____
Felgen reinigen   i.O.
Reifen Profiltiefe   i.O. vl. ___ vr. ___ hr. ___ hl. ___ in mm
Reifendruck erhöhen i.O.
Sicht auf die Bremsen   i.O. oder Probleme _____
Scheiben i.O. oder Beschädigung _____
Scheibendichtungen i.O. oder Beschädigung _____
Scheibenwischer abheben i.O.
Cabriodach imprägnieren   i.O.
Dichtungen pflegen   i.O.
Scharniere ölen   i.O.
Schlösser ölen   i.O.
Blechfalze und Hohlräume mit Schutzwachs konservieren   i.O.

Innen Check - Wasser unter Fußmatte i.O.
              Wasser im Kofferraum   i.O.
              Hupe, Blinker, Schalter i.O.
              Ascher reinigen   i.O.
              Ledersitze pflegen   i.O.

Motor Check - Ölfleck unter dem Wagen   i.O.
              Öl + Filter erneuern   i.O.
              Wasserbehälter der Scheibenwaschanlage mit Frostschutz
              füllen   i.O.
              Batterie abklemmen   i.O.
              Batterie mit Erhaltungsladung laden   i.O.
              Motorinnenkonservierer in den Vergaser sprühen   i.O.
              Ölgetränkten Lappen in das Endrohr des Auspuffs stecken i.O.

Der Oldtimer erwacht   Beginn der Saison

Öllappen aus dem Auspuff nehmen   i.O.

Zündkerzen herausschrauben und Kriechöl in die Kolben sprühen
und einwirken lassen, falls Rost   i.O.

Alle Flüssigkeiten kontrollieren - Öl   i.O.
         Kühlflüssigkeit   i.O.
         Bremsflüssigkeit   i.O.
         Scheibenwasser   i.O.

Falls vor dem Einmotten kein Ölwechsel, dann Öl + Filter wechseln   i.O.

Batterie anschließen   i.O.

Zündung abklemmen und Anlasser drehen lassen, damit der Öldruck
aufgebaut wird und der Motorinnenraum geschmiert wird   i.O.

Jetzt mit Zündung starten   i.O.
Bei zu viel Gas kann der Vergaser absaufen und die Zündkerzen werden
nass. Dann Zündkerzen ausbauen, erhitzen, einbauen und noch einmal
versuchen oder einen Tag warten   i.O.

Läuft der Wagen, dann mit wenig Geschwindigkeit fahren, vorsichtig
bremsen (auf Verkehr achten)... langsam kommt der Oldtimer wieder
in Fahrt... "Gute Fahrt auf allen Wegen und zu allen Zeiten wünscht
                SÜLTZ BÜCHER"

Alle Tipps wurden vom Autorenteam bei ihren 5 Oldtimern nach nun
jahrzehntelanger Erfahrung zusammengetragen und durchgeführt.
Trotzdem kann keine Gewähr übernommen werden.

Regelmäßige Kontrollen   Datum __ . __ . ____   Eigenleistung ja/nein

Reifen-Luftdruck in bar:
VL: **VR:**   **HR:**   **HL:**   **Reserverad:**

Reifen auf Beschädigung prüfen: Sichtprüfung i.O.   Fühlprüfung i.O.

Kraftstoffverbrauch: getankte Liter x 100 : gefahrene Kilometer = Verbrauch
Beispiel: 35 Liter x 100 : 600 km = 5,83 Liter auf 100 km
         ___ Liter x 100 : ___ km = ___ Liter auf 100 km

Hupe i.O.   **Lichthupe i.O.**   **Warnblinker i.O.**
Blinker i.O.   **Konntrollleuchten i.O.**   **Innenbeleuchtung i.O.**
Frontbeleuchtung: Standlicht i.O.   **Abblendlicht i.O.**
                   Fernlicht i.O.   **Nebelscheinwerfer i.O.**
                   Tagfahrlicht i.O.

Scheibenwischer vorne i.O.   **hinten i.O.**
Scheibenwaschanlage vorne i.O.   **hinten i.O.**

Steinschlagprüfung i.O.   **nicht i.O.**   **wo?**

Unter der Motorhaube: Sichtprüfung i.O.

Ölverschmierter Motor   **ja**   **nein**

Ölmessstab ziehen
Öl zwischen oberer und unterer Marke   **ja**   **nein**

Sind Öltropfen unter dem Motor?   **ja**   **nein**
(Pfütze vom Klimaanlagenwasser ist normal)

eventuell Batterieflüssigkeit bis oberer Marke gefüllt   **ja**   **nein**
Bremsflüssigkeitsstand obere Marke oder fast   **ja**   **nein**

Oldtimer einmotten - Checkliste   Saison von _____ bis _____

Gründliche Außenreinigung   i.O.
Gründliche Innenreinigung   i.O.

Außen Check - Delle? Wo? _____
                Rost? Wo? _____
                Sonstiges _____
Unterbodenbschutz   i.O.   _____
Felgen reinigen   i.O.
Reifen Profiltiefe   i.O.   vl. ____ vr. ____ hr. ____ hl. ____ in mm
Reifendruck erhöhen i.O.
Sicht auf die Bremsen   i.O. oder Probleme _____
Scheiben   i.O. oder Beschädigung _____
Scheibendichtungen   i.O. oder Beschädigung _____
Scheibenwischer abheben   i.O.
Cabriodach imprägnieren   i.O.
Dichtungen pflegen   i.O.
Scharniere ölen   i.O.
Schlösser ölen   i.O.
Blechfalze und Hohlräume mit Schutzwachs konservieren   i.O.

Innen Check - Wasser unter Fußmatte i.O.
               Wasser im Kofferraum   i.O.
               Hupe, Blinker, Schalter i.O.
               Ascher reinigen   i.O.
               Ledersitze pflegen   i.O.

Motor Check - Ölfleck unter dem Wagen   i.O.
               Öl + Filter erneuern   i.O.
               Wasserbehälter der Scheibenwaschanlage mit Frostschutz
               füllen   i.O.
               Batterie abklemmen   i.O.
               Batterie mit Erhaltungsladung laden   i.O.
               Motorinnenkonservierer in den Vergaser sprühen   i.O.
               Ölgetränkten Lappen in das Endrohr des Auspuffs stecken i.O.

Der Oldtimer erwacht Beginn der Saison _____

Öllappen aus dem Auspuff nehmen   i.O.

Zündkerzen herausschrauben und Kriechöl in die Kolben sprühen
und einwirken lassen, falls Rost   i.O.

Alle Flüssigkeiten kontrollieren - Öl   i.O.
                                Kühlflüssigkeit   i.O.
                                Bremsflüssigkeit   i.O.
                                Scheibenwasser   i.O.

Falls vor dem Einmotten kein Ölwechsel, dann Öl + Filter wechseln   i.O.

Batterie anschließen   i.O.

Zündung abklemmen und Anlasser drehen lassen, damit der Öldruck
aufgebaut wird und der Motorinnenraum geschmiert wird   i.O.

Jetzt mit Zündung starten   i.O.
Bei zu viel Gas kann der Vergaser absaufen und die Zündkerzen werden
nass. Dann Zündkerzen ausbauen, erhitzen, einbauen und noch einmal
versuchen oder einen Tag warten   i.O.

Läuft der Wagen, dann mit wenig Geschwindigkeit fahren, vorsichtig
bremsen (auf Verkehr achten)... langsam kommt der Oldtimer wieder
in Fahrt... "Gute Fahrt auf allen Wegen und zu allen Zeiten wünscht
                                                        SÜLTZ BÜCHER"

Alle Tipps wurden vom Autorenteam bei ihren 5 Oldtimern nach nun
jahrzehntelanger Erfahrung zusammengetragen und durchgeführt.
Trotzdem kann keine Gewähr übernommen werden.

Regelmäßige Kontrollen   Datum __ . __ . ____   Eigenleistung ja/nein

Reifen-Luftdruck in bar:
VL: VR: HR: HL: Reserverad:

Reifen auf Beschädigung prüfen: Sichtprüfung i.O.   Fühlprüfung i.O.

Kraftstoffverbrauch: getankte Liter x 100 : gefahrene Kilometer = Verbrauch
Beispiel: 35 Liter x 100 : 600 km = 5,83 Liter auf 100 km
         ___ Liter x 100 : ___ km = ___ Liter auf 100 km

Hupe i.O.   Lichthupe i.O.   Warnblinker i.O.
Blinker i.O.   Konntrollleuchten i.O.   Innenbeleuchtung i.O.
Frontbeleuchtung: Standlicht i.O.   Abblendlicht i.O.
                  Fernlicht i.O.   Nebelscheinwerfer i.O.
                  Tagfahrlicht i.O.

Scheibenwischer vorne i.O.   hinten i.O.
Scheibenwaschanlage vorne i.O.   hinten i.O.

Steinschlagprüfung i.O.   nicht i.O.   wo?

Unter der Motorhaube: Sichtprüfung i.O.

Ölverschmierter Motor   ja   nein

Ölmessstab ziehen
Öl zwischen oberer und unterer Marke   ja   nein

Sind Öltropfen unter dem Motor?   ja   nein
(Pfütze vom Klimaanlagenwasser ist normal)

eventuell Batterieflüssigkeit bis oberer Marke gefüllt   ja   nein
Bremsflüssigkeitsstand obere Marke oder fast   ja   nein

Oldtimer einmotten - Checkliste   Saison von _____ bis _____

Gründliche Außenreinigung   i.O.
Gründliche Innenreinigung   i.O.

Außen Check - Delle? Wo? _____
                Rost? Wo? _____
                Sonstiges _____
Unterbodenbschutz   i.O.   _____
Felgen reinigen   i.O.
Reifen Profiltiefe   i.O.   vl. ____ vr. ____ hr. ____ hl. ____ in mm
Reifendruck erhöhen i.O.
Sicht auf die Bremsen   i.O. oder Probleme _____
Scheiben   i.O. oder Beschädigung _____
Scheibendichtungen   i.O. oder Beschädigung _____
Scheibenwischer abheben   i.O.
Cabriodach imprägnieren   i.O.
Dichtungen pflegen   i.O.
Scharniere ölen   i.O.
Schlösser ölen   i.O.
Blechfalze und Hohlräume mit Schutzwachs konservieren   i.O.

Innen Check - Wasser unter Fußmatte   i.O.
              Wasser im Kofferraum   i.O.
              Hupe, Blinker, Schalter i.O.
              Ascher reinigen   i.O.
              Ledersitze pflegen   i.O.

Motor Check - Ölfleck unter dem Wagen   i.O.
              Öl + Filter erneuern   i.O.
              Wasserbehälter der Scheibenwaschanlage mit Frostschutz
              füllen   i.O.
              Batterie abklemmen   i.O.
              Batterie mit Erhaltungsladung laden   i.O.
              Motorinnenkonservierer in den Vergaser sprühen   i.O.
              Ölgetränkten Lappen in das Endrohr des Auspuffs stecken i.O.

Der Oldtimer erwacht — Beginn der Saison

Öllappen aus dem Auspuff nehmen   i.O.

Zündkerzen herausschrauben und Kriechöl in die Kolben sprühen
und einwirken lassen, falls Rost   i.O.

Alle Flüssigkeiten kontrollieren - Öl   i.O.
                                        Kühlflüssigkeit   i.O.
                                        Bremsflüssigkeit   i.O.
                                        Scheibenwasser   i.O.

Falls vor dem Einmotten kein Ölwechsel, dann Öl + Filter wechseln   i.O.

Batterie anschließen   i.O.

Zündung abklemmen und Anlasser drehen lassen, damit der Öldruck
aufgebaut wird und der Motorinnenraum geschmiert wird   i.O.

Jetzt mit Zündung starten   i.O.
Bei zu viel Gas kann der Vergaser absaufen und die Zündkerzen werden
nass. Dann Zündkerzen ausbauen, erhitzen, einbauen und noch einmal
versuchen oder einen Tag warten   i.O.

Läuft der Wagen, dann mit wenig Geschwindigkeit fahren, vorsichtig
bremsen (auf Verkehr achten)... langsam kommt der Oldtimer wieder
in Fahrt... "Gute Fahrt auf allen Wegen und zu allen Zeiten wünscht
                                                              SÜLTZ BÜCHER"

Alle Tipps wurden vom Autorenteam bei ihren 5 Oldtimern nach nun
jahrzehntelanger Erfahrung zusammengetragen und durchgeführt.
Trotzdem kann keine Gewähr übernommen werden.

Regelmäßige Kontrollen   Datum __ . __ . ____   Eigenleistung ja/nein

Reifen-Luftdruck in bar:
VL: **VR:**   **HR:**   **HL:**   **Reserverad:**

Reifen auf Beschädigung prüfen: Sichtprüfung i.O.   Fühlprüfung i.O.

Kraftstoffverbrauch: getankte Liter x 100 : gefahrene Kilometer = Verbrauch
Beispiel: 35 Liter x 100 : 600 km = 5,83 Liter auf 100 km
            ___ Liter x 100 : ___ km = ___ Liter auf 100 km

Hupe i.O.   **Lichthupe i.O.**   **Warnblinker i.O.**
Blinker i.O.   **Konntrollleuchten i.O.**   **Innenbeleuchtung i.O.**
Frontbeleuchtung: Standlicht i.O.   **Abblendlicht i.O.**
                    Fernlicht i.O.   **Nebelscheinwerfer i.O.**
                    Tagfahrlicht i.O.

Scheibenwischer vorne i.O.   **hinten i.O.**
Scheibenwaschanlage vorne i.O.   **hinten i.O.**

Steinschlagprüfung i.O.   **nicht i.O.**   **wo?**

Unter der Motorhaube: Sichtprüfung i.O.

Ölverschmierter Motor   ja   nein

Ölmessstab ziehen
Öl zwischen oberer und unterer Marke   ja   nein

Sind Öltropfen unter dem Motor?   ja   nein
(Pfütze vom Klimaanlagenwasser ist normal)

eventuell Batterieflüssigkeit bis oberer Marke gefüllt   ja   nein
Bremsflüssigkeitsstand obere Marke oder fast   ja   nein

Oldtimer einmotten - Checkliste   Saison von _____ bis _____

Gründliche Außenreinigung   i.O.
Gründliche Innenreinigung   i.O.

Außen Check - Delle? Wo? _____
     Rost? Wo? _____
     Sonstiges _____
Unterbodenbschutz i.O. _____
Felgen reinigen   i.O.
Reifen Profiltiefe   i.O. vl. ___ vr. ___ hr. ___ hl. ___ in mm
Reifendruck erhöhen i.O.
Sicht auf die Bremsen   i.O. oder Probleme _____
Scheiben i.O. oder Beschädigung _____
Scheibendichtungen i.O. oder Beschädigung _____
Scheibenwischer abheben   i.O.
Cabriodach imprägnieren   i.O.
Dichtungen pflegen   i.O.
Scharniere ölen   i.O.
Schlösser ölen   i.O.
Blechfalze und Hohlräume mit Schutzwachs konservieren   i.O.

Innen Check - Wasser unter Fußmatte i.O.
     Wasser im Kofferraum   i.O.
     Hupe, Blinker, Schalter i.O.
     Ascher reinigen   i.O.
     Ledersitze pflegen   i.O.

Motor Check - Ölfleck unter dem Wagen   i.O.
     Öl + Filter erneuern   i.O.
     Wasserbehälter der Scheibenwaschanlage mit Frostschutz füllen   i.O.
     Batterie abklemmen   i.O.
     Batterie mit Erhaltungsladung laden   i.O.
     Motorinnenkonservierer in den Vergaser sprühen   i.O.
     Ölgetränkten Lappen in das Endrohr des Auspuffs stecken i.O.

Der Oldtimer erwacht   Beginn der Saison _____

Öllappen aus dem Auspuff nehmen   i.O.

Zündkerzen herausschrauben und Kriechöl in die Kolben sprühen
und einwirken lassen, falls Rost   i.O.

Alle Flüssigkeiten kontrollieren - Öl   i.O.
                                          Kühlflüssigkeit   i.O.
                                          Bremsflüssigkeit   i.O.
                                          Scheibenwasser   i.O.

Falls vor dem Einmotten kein Ölwechsel, dann Öl + Filter wechseln   i.O.

Batterie anschließen   i.O.

Zündung abklemmen und Anlasser drehen lassen, damit der Öldruck
aufgebaut wird und der Motorinnenraum geschmiert wird   i.O.

Jetzt mit Zündung starten   i.O.
Bei zu viel Gas kann der Vergaser absaufen und die Zündkerzen werden
nass. Dann Zündkerzen ausbauen, erhitzen, einbauen und noch einmal
versuchen oder einen Tag warten   i.O.

Läuft der Wagen, dann mit wenig Geschwindigkeit fahren, vorsichtig
bremsen (auf Verkehr achten)... langsam kommt der Oldtimer wieder
in Fahrt... "Gute Fahrt auf allen Wegen und zu allen Zeiten wünscht
                                                               SÜLTZ BÜCHER"

Alle Tipps wurden vom Autorenteam bei ihren 5 Oldtimern nach nun
jahrzehntelanger Erfahrung zusammengetragen und durchgeführt.
Trotzdem kann keine Gewähr übernommen werden.

Regelmäßige Kontrollen   Datum __ . __ . ____   Eigenleistung ja/nein

Reifen-Luftdruck in bar:
VL: **VR:**   **HR:**   **HL:**   **Reserverad:**

Reifen auf Beschädigung prüfen: Sichtprüfung i.O.   Fühlprüfung i.O.

Kraftstoffverbrauch: getankte Liter x 100 : gefahrene Kilometer = Verbrauch
Beispiel: 35 Liter x 100 : 600 km = 5,83 Liter auf 100 km
         ___ Liter x 100 : ___ km = ___ Liter auf 100 km

Hupe i.O.   **Lichthupe i.O.**   **Warnblinker i.O.**
Blinker i.O.   **Konntrollleuchten i.O.**   **Innenbeleuchtung i.O.**
Frontbeleuchtung: Standlicht i.O.   **Abblendlicht i.O.**
                     Fernlicht i.O.   **Nebelscheinwerfer i.O.**
                     Tagfahrlicht i.O.

Scheibenwischer vorne i.O.   **hinten i.O.**
Scheibenwaschanlage vorne i.O.   **hinten i.O.**

Steinschlagprüfung i.O.   **nicht i.O.**   **wo?**

Unter der Motorhaube: Sichtprüfung i.O.

Ölverschmierter Motor   ja   nein

Ölmessstab ziehen
Öl zwischen oberer und unterer Marke   ja   nein

Sind Öltropfen unter dem Motor?   ja   nein
(Pfütze vom Klimaanlagenwasser ist normal)

eventuell Batterieflüssigkeit bis oberer Marke gefüllt   ja   nein
Bremsflüssigkeitsstand obere Marke oder fast   ja   nein

Oldtimer einmotten - Checkliste   Saison von _____ bis _____

Gründliche Außenreinigung   i.O.
Gründliche Innenreinigung   i.O.

Außen Check - Delle? Wo? _____
                Rost? Wo? _____
                Sonstiges _____
Unterbodenbschutz i.O. _____
Felgen reinigen   i.O.
Reifen Profiltiefe   i.O.   vl. ___   vr. ___   hr. ___   hl. ___   in mm
Reifendruck erhöhen i.O.
Sicht auf die Bremsen   i.O. oder Probleme _____
Scheiben   i.O. oder Beschädigung _____
Scheibendichtungen   i.O. oder Beschädigung _____
Scheibenwischer abheben   i.O.
Cabriodach imprägnieren   i.O.
Dichtungen pflegen   i.O.
Scharniere ölen   i.O.
Schlösser ölen   i.O.
Blechfalze und Hohlräume mit Schutzwachs konservieren   i.O.

Innen Check - Wasser unter Fußmatte i.O.
            Wasser im Kofferraum   i.O.
            Hupe, Blinker, Schalter i.O.
            Ascher reinigen   i.O.
            Ledersitze pflegen   i.O.

Motor Check - Ölfleck unter dem Wagen   i.O.
            Öl + Filter erneuern   i.O.
            Wasserbehälter der Scheibenwaschanlage mit Frostschutz
            füllen   i.O.
            Batterie abklemmen   i.O.
            Batterie mit Erhaltungsladung laden   i.O.
            Motorinnenkonservierer in den Vergaser sprühen   i.O.
            Ölgetränkten Lappen in das Endrohr des Auspuffs stecken i.O.